Ulrich Emil Duprée

Ho'oponopono

O ritual havaiano do perdão para
atravessar momentos difíceis e construir
relacionamentos mais amorosos e saudáveis

Tradução de Lina Rosa

LeYa

Sumário

Prefácio

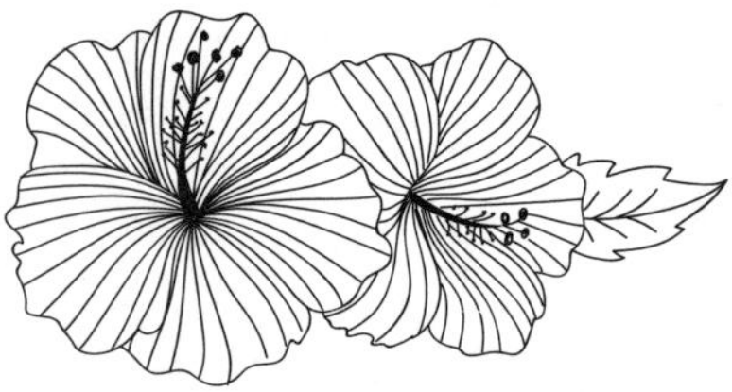

Caro leitor,

Este livro é sobre o perdão. E o que seria melhor para falar de perdão do que começar com uma história dramática? Foi pouco antes do Natal de 1970. Eu tinha oito anos, e meu pai morreu bem na minha frente, simplesmente caiu no tapete da sala de estar. Por que isso aconteceu? Foi justo? Tinha algum significado maior? Muitas vezes não entendemos por que certas coisas ocorrem em nossa vida. Agora mesmo, todos nós estamos nos perguntando por que a pandemia do novo coronavírus está acontecendo, por que tivemos que passar por isso. Qual o significado maior de tantas mortes, do isolamento a que fomos obrigados a nos submeter, da incerteza que estamos vivendo em relação ao futuro?

Eu ainda era muito jovem quando, na busca de respostas como essas, conheci meu primeiro mestre espiritual, o teólogo e psicanalista Joachim Scharfenberg. Tenho que agradecer a ele e à esposa, entre outras pessoas, por meus primeiros vislumbres do mundo pitagórico e do mundo de Rudolf Steiner.

Desde então, levo a vida como alguém independente, e também como viajante, pesquisador, palestrante e monge.

Na minha jornada, tive a sorte de encontrar grandes almas que me ajudaram a adquirir um conhecimento intenso de dois caminhos espirituais: os ensinamentos cristãos, que aprendi com minha família, e o hinduísmo, que é uma espécie de lar espiritual que adotei. Esses dois caminhos parecem muito diferentes, mas são como cenários de um mesmo teatro, que em todos os tempos e culturas revela uma única verdade.

Ao longo de minha busca por respostas e pela Fonte de Todo o Ser, encontrei no Ho'oponopono, o ritual havaiano do perdão, uma chave extra que me abriu muitas portas, e por essa descoberta sou profundamente grato. Neste ponto, gostaria de expressar meus agradecimentos e meu profundo respeito por todos aqueles que, no mundo inteiro, deixaram várias chaves pelo caminho – e pelos que deixarão essas chaves no futuro.

Protegido pelo isolamento de um pequeno grupo de ilhas no meio do oceano da Paz, um método simples, mas muito eficaz, sobreviveu aos séculos. Gostaria de mostrar a você essa flor do Havaí, uma espécie bastante delicada e frágil, até santa, e que, portanto, persiste como o método mais eficaz de resolver conflitos e problemas. Espero que ele possa ajudá-lo neste momento desafiador pelo qual estamos passando e para sempre, por mais difíceis que sejam as circunstâncias com as quais você tenha que lidar.

Bem-vindo ao mundo do Ho'oponopono.

A história do Ho'oponopono

As raízes do Ho'oponopono remontam a milhares de anos atrás, talvez até a época da Atlântida, da Lemúria e da civilização védica. O Ho'oponopono pertence a um sistema de antigo ensino havaiano chamado *Huna*, em que *hu* significa "conhecimento", e *na*, "sabedoria". Os guardiões desses ensinamentos antigos são chamados de *kahunas*, os conhecedores do *Huna*. Mas saber algo sem aplicar esse conhecimento não faz nenhum sentido, porque a sabedoria é revelada pelo que a pessoa faz, não pelo que ela sabe. O Ho'oponopono também ganha vida quando é usado, e por isso convido você a entrar neste livrinho e caminhar por um mundo cheio de sabedoria, maravilha e beleza; um mundo de cuja existência você sempre suspeitou, mas que nunca pôde compreender – até agora.

Os havaianos chamam seu arquipélago de "Terra de *aloha*", a Terra do Amor. *Aloha* contém a essência dos ensinamentos e conhecimentos do *Huna* e forma a base do Ho'oponopono. *Aloha* significa "vejo o divino em você e o divino em mim".

Isso implica o entendimento de que todos seguimos um caminho comum – eu, você, seu vizinho e o presidente da República – e de que existe apenas um poder no Universo, a energia do amor incondicional – *mana aloha*, em havaiano. *Aloha* tem um único mandamento: nunca prejudicar, sempre ajudar. O mandamento de nunca prejudicar começa por não prejudicar a si mesmo. E, por consequência, a amar seu vizinho como a si mesmo. *Mana aloha* é a essência da energia de Deus, a energia que envolve e a tudo inspira. Os sábios monges hindus com quem tive a permissão de viver chamam essa energia de *bhakti*, que significa "devoção", já os monges tibetanos que também encontrei pelo caminho chamaram essa energia de "compaixão". Com esse termo, não tinham em mente apenas a emoção, e sim uma energia que pode ser experimentada diretamente e que influencia o mundo ao nosso redor, estabelecendo uma nova realidade. O Ho'oponopono é essa compaixão em ação; portanto, é o tema deste livro.

Reza uma lenda dos primórdios da humanidade que os problemas do mundo surgiram quando caímos no erro de pensar que, em vez de apenas um poder, havia dois: o bem e o mal. No lugar da compaixão e de sua consequência lógica, a percepção de que tudo é um, o que entrou na psique humana foram o julgamento e a condenação. A humanidade se afastou da unidade e surgiram as divisões – o primeiro suposto "avanço" em nossa história.

O Ho'oponopono é uma maneira simples de atingir a unidade e a paz interior e de retornar à harmonia. Implica resolver os problemas desde o início e aplicar essa solução para fins úteis. Expressa a profunda necessidade de voltarmos a viver em harmonia tanto com nós mesmos quanto com a humanidade, com a natureza e com Deus. *Ho'o* é um verbo que significa "fazer", e *pono* é traduzido como "certo", ou "correto". Nesse sentido, *ponopono* seria algo como "o certo do jeito certo". Portanto, *ho'oponopono* representa simplesmente um "fazer o certo do jeito certo", ou "acertar o certo" – significa juntar-se outra vez ao próprio Eu Superior e à Fonte de Todo o Ser. Significa, portanto, estar no próprio centro, retomar a harmonia e o equilíbrio, para que então seja possível realinhar o ambiente e remodelar a realidade. "Acertar o certo" traz consigo a intenção de retomar o caminho correto – depois de se desviar dele, é claro –, de se tornar saudável no corpo e no espírito e de alcançar a felicidade e o bem-estar.

O que é o Ho'oponopono?

A mudança de paradigma

O Ho'oponopono é um método de purificação da alma espiritual que nos limpa de medos e preocupações, de padrões de relacionamento destrutivos e de quaisquer dogmas e paradigmas religiosos que se oponham ao nosso desenvolvimento pessoal e espiritual. Limpa os bloqueios em nossos pensamentos e em nossa estrutura celular – já que os pensamentos se manifestam em nosso corpo. Essa é a mudança de paradigma.

Este método é de origem havaiana e se baseia no entendimento de que vivemos num universo de abundância e de que Deus (*Akua*, a Fonte Original) deseja que desfrutemos dessa abundância e dessa perfeição. No entanto, o que impede nossa experiência de abundância, união amorosa, riqueza interior, crescimento espiritual e saúde perfeita é nosso próprio eu. É o nosso pensamento, fundamentado e reforçado por uma vasta experiência que há muito tempo perdeu a validade. Nosso apego persistente a medos, preocupações e julgamentos, bem como nossas dúvidas e nossa consciência coletiva negativista frustram a experiência de nossa própria perfeição.

Imagine que está segurando uma pedra bem grande em cada mão. Se quiser receber algum dinheiro nesse momento, você precisa primeiro deixar as pedras de lado. O mesmo se aplica aos nossos padrões, preconceitos e valores em relação aos presentes que recebemos do Universo. A chave para receber está na capacidade de deixar algo ir embora, na fé de que não sofreremos nenhum dano ou perda com esse desapego.

O ritual de perdão do Ho'oponopono revela o amor em ação. Nele, você perdoa a si mesmo e aos outros por ter causado qualquer dano ou por não ter ajudado quando foi necessário. "Acertar o certo" é um procedimento simples de quatro etapas que ajudará você a aprender a perdoar a si mesmo incondicionalmente, a amar e, além disso, a melhorar as coisas. É como se você estivesse formatando o disco rígido do seu computador. O ritual apaga todos os dados que nos oneram e que pesam em nossa vida.

Quando algo nos incomoda, quando sentimos desarmonia dentro de nós mesmos, ou talvez quando reconhecemos um problema ou conflito, sempre podemos fazer um Ho'oponopono:

1. pedimos para alcançar um lugar de reconhecimento, coragem, poder, inteligência e paz;
2. descrevemos o problema, tentando, em nosso coração, identificar nossa participação no que ocorreu. Essa participação pode ter sido um jul-

gamento que fizemos ou alguma outra atitude específica; pode até mesmo ser uma memória que precise ser curada;

3. perdoamos incondicionalmente, pronunciando as quatro frases mágicas:

> Sinto muito.
> Por favor, me perdoe.
> Eu amo você.
> Obrigado.

4. agradecemos, expressamos nossa confiança e nos desapegamos.

Esse método simples e elegante garante a resolução de problemas e desafios pessoais, mas também pode resolver conflitos dentro de uma comunidade ou de um grupo. Um Ho'oponopono é eficaz em todos os domínios da vida – numa parceria de trabalho, na família, na profissão, na saúde e nas finanças. Em seu livro *Limite zero*, que escreveu com o Dr. Ihaleakala Hew Len, Joe Vitale define muito bem esse método com o subtítulo: *O sistema havaiano secreto para prosperidade, saúde, paz e mais ainda*.

Hoje sabemos que, no Havaí, o ritual do perdão é parte da preparação para a cura de uma doença física. As doenças são vistas como sintomas de conflito interno, e é preciso liberar as tensões energéticas através de um ritual xamânico de Ho'oponopono. Depois que a alma é curada, o corpo também se cura.

Publicados na década de 1950, os ensinamentos da anciã havaiana Mary Kawena Pukui (1895-1986) apresentam o Ho'oponopono como uma tradição familiar. Mal-entendidos e delitos são analisados e discutidos na presença de um mediador, um *haku*. No processo de resolução, o *kalana*, todos os participantes examinam o próprio coração diante de Deus e dos presentes, e todos os aspectos de raiva, decepção, resistência e desconfiança são resolvidos com perdão incondicional. Na década de 1970, a reverenciada Morrnah Nalamaku Simeona (1913-1992), considerada um tesouro vivo do Havaí, apresentou ao público um método modernizado do Ho'opononono, com doze etapas. Ela integrou elementos cristãos e indianos, assim como o sistema dos três eus (subconsciente, consciente, superconsciente), e então apresentou o Ho'oponopono como um método auxiliar de autoajuda. Com isso, tornou possível a aplicação da técnica para a purificação da mente e da alma sem a ajuda de um mediador.

Após a morte de Morrnah Nalamaku Simeona, em 1996, Ihaleakala Hew Len, seu aluno, assumiu a liderança do instituto por ela criado, The Foundation of I (Fundação do Eu). Foi através dos ensinamentos desse homem e de sua prática de cura de prisioneiros com doenças psicológicas que o Ho'oponopono ficou conhecido no Ocidente. Len ensina que, entre outras coisas, o Ho'oponopono é a purificação das memórias – ou seja, a purificação de qualquer dado em nosso HD mental que iniba a harmonia em nós. Para tornar a história desse homem mais fácil de ser compreendida, citarei os primórdios da aplicação terapêutica do Ho'oponopono e sua enorme eficácia.

O Ho'oponopono não é um sistema rígido, mas há um ponto em comum em todas as suas variações. Neste pequeno livro, apresentarei duas delas, com aplicações distintas e para auxílio imediato. Na primeira, aprenderemos que o Ho'oponopono é um método de purificação com o qual podemos nos livrar de bloqueios e condicionamentos internos que sabotam o fluxo livre da vida (como as muitas dúvidas que podem surgir a respeito de determinada atitude ou etapa) e a aceitação dos presentes do Universo (como a sensação de não merecer algo de bom que está acontecendo). Na segunda, veremos a aplicação do Ho'oponopono nas conferências familiares, como é tradicionalmente praticado no Havaí e utilizado no serviço social e em trabalhos com jovens.

Para ser bem-sucedido, é importante seguir as seguintes etapas:

1. juntar-se à Fonte Original (*Akua*), ao Ser de Luz e aos Antepassados;

2. contemplar e aceitar o problema (*hala, hihia*);
3. assumir toda a responsabilidade pela existência do problema em sua vida;
4. depois de perdoar, se comprometer a lidar com tudo de outra maneira;
5. perdoar e aceitar mutuamente (*mihi*);
6. agradecer e fazer a oração de encerramento (*pule ho'opau*).

Todas as situações, encontros e eventos que experimentamos carregam algum significado, e, com o Ho'oponopono, podemos aprender a decifrar essas mensagens internas.

O Ho'oponopono é uma prática; enquanto você lê este livrinho, já pode começar a desfazer o nó que há em seu coração e se preparar para colocar seu mundo em novos moldes.

A história de Ihaleakala Hew Len

O Ho'oponopono é talvez o método mais eficaz de resolver problemas já desenvolvido por uma cultura. Tornou-se conhecido principalmente por meio do Dr. Ihaleakala Hew Len, que registrou o trabalho de cura de 28 presos com doenças psicológicas. Essa conquista, considerada um milagre terapêutico, demonstra a eficácia do Ho'oponopono. Além disso, o Ho'oponopono é um modelo de terapia reconhecido nos Estados Unidos e já existem mais de cinquenta estudos tratando do método de perdão em nível diplomático.

Em 1983, Ihaleakala Hew Len foi convidado por um amigo para trabalhar no departamento de psiquiatria da prisão estadual de Kaneohe, no Havaí. Lá estavam confinados trinta prisioneiros, todos com doenças psicológicas, e havia uma escassez crônica de funcionários. Havia uma boa razão para tal: tanto a instituição quanto o trabalho eram muitas vezes chamados de "o inferno". Os funcionários estavam quase todos doentes ou eram inadequados para o trabalho, e muitos pediam as contas o mais depressa possível. No entanto,

Ihaleakala Hew Len concordou em trabalhar lá, desde que tivesse permissão para aplicar um método que tinha acabado de aprender. Ficou acertado que ele apenas leria os relatórios e que não conversaria com os detentos.

Sabe o que Ihaleakala Hew Len fez? Passou a ler os relatórios dos prisioneiros várias vezes ao dia e a perguntar a si mesmo: "O que há em mim de escuridão e negatividade, de desejo de poder e ódio, para permitir que algo assim exista no meu mundo? Qual é a minha parte na atitude de um irmão meu quando ele comete um crime desses?". Quando descobria algo daquela situação em si mesmo e em seu coração (desejo de poder, agressão, ódio, vingança, inveja, ciúme – toda a paleta das profundezas da humanidade), Ihaleakala Hew Len dizia:

Sinto muito.
Por favor, me perdoe.
Eu amo você.
Obrigado.

Ele trabalhou exclusivamente na purificação do próprio coração e da própria consciência: após um ano e meio lendo relatórios, fez um Ho'oponopono e mudou o humor, a atmosfera e o clima no hospital prisional. Após dezoito meses, mais nenhum prisioneiro usava algemas. A equipe, os guardas e os terapeutas iam felizes para o trabalho, e o número de pessoas doentes diminuiu. Tornou-se possível manter conversas terapêuticas com os presos, e, quatro anos depois, todos eles, exceto dois, foram curados. A instituição finalmente foi fechada.

Mas Ihaleakalal Hew Len realmente curou alguém? Os impactados dizem que sim. No entanto, numa entrevista, ele explicou que apenas trabalhou na própria purificação e na exclusão de informações do próprio subconsciente. Não falou de curas, mas enfatizou que os conflitos só foram resolvidos porque ele assumira 100% de responsabilidade pela existência dos prisioneiros em sua vida.

O poder do perdão

Pensamentos destrutivos sobre eventos passados não melhoram nem o mundo, nem a vida que levamos aqui e agora. Muito pelo contrário: seja o fogo ardente das velhas decepções, dos aborrecimentos e da raiva, seja o coquetel mental tóxico composto de ciúmes e de ressentimentos, tudo isso só serve para tornar o coração mais pesado e sombrio. Não à toa, temos a tendência de nos afastarmos das pessoas que exalam sarcasmo. A história a seguir ilustra com precisão como é difícil para muitos de nós desapegar-se realmente do que passou.

Há muito tempo, dois monges, no curso de suas andanças, chegaram a um rio. Lá, encontraram uma jovem sentada, e ela disse:

– Não sei nadar. Ó dignos sábios, se também querem atravessar este rio, eu ficaria muito agradecida caso um dos dois me levasse nas costas.

Na mesma hora, um deles respondeu:

> – Venha, suba nos meus ombros.
>
> Foi assim que, juntos, os três cruzaram o rio. Do outro lado, a jovem se despediu, e os monges seguiram em frente. Não conversaram, mas o outro parecia nervoso.
>
> – O que foi, meu amigo? Você parece irritado – perguntou o monge que tinha carregado a moça. Ouvindo a pergunta, o companheiro gritou:
>
> – Ah, seu tolo! Como pôde? Teve contato com uma mulher! Somos monges, vivemos apartados do mundo.
>
> Ao ouvir isso, o primeiro respondeu:
>
> – É verdade, carreguei aquela moça pelo rio. Mas, ouvindo isso, parece que você não só a segurou como também ainda a carrega.

O perdão nos liberta, nos livra de um fardo que não podemos ou não queremos carregar. Quem gostaria de viver a vida com uma grande mochila nos ombros, cheia de problemas, medos e antigos conflitos? O perdão cura e facilita a vida. Acima de tudo, o perdão é um presente que damos a nós mesmos. No Havaí, após o perdão, o assunto está resolvido e ninguém mais se ocupa com ele.

"O perdão não é um ato único,
é um estilo de vida."
Martin Luther King

É possível aprender a perdoar e esquecer, assim como é possível aprender tudo, de correr a pintar. Se não der certo na primeira vez, podemos agir como se tivesse dado. O exercício funciona como uma afirmação. Por exemplo: "Sou bonita (ou bonito) e tenho um belo corpo" é uma frase que talvez soe absurda para você, mas basta repeti-la uma quantidade suficiente de vezes e um dia você dirá: "Sim, é verdade, é isso que estou vendo". O mais curioso é que, quando uma genuína mudança interna acontece, as outras pessoas também passam a ver e a acreditar nessa verdade. De muitas maneiras, nossa experiência é justamente o que enviamos ao mundo através de pensamentos e sentimentos. O mundo, ao que parece, é como um grande espelho, pois reflete o que sentimos no fundo do coração.

A empatia aumenta a felicidade deste mundo.
Os pensamentos negativos aumentam a dor.

A essência do Ho'oponopono: as quatro frases mágicas

Juntos, vamos aplicar agora as quatro frases mágicas do Ho'oponopono em pequenos exercícios e exemplos para resolver problemas e conflitos. O primeiro exercício é bem simples, então peço a você que, por favor, participe também. Quando algo lhe incomoda, quando você sente um arrepio na espinha e pensa em dar as costas e partir, ou, acima de tudo, quando alguém começa a testar seus limites, direcione seus pensamentos para as seguintes frases:

Sinto muito.
Por favor, me perdoe.
Eu amo você.
Obrigado.

Essas quatro frases simples são uma espécie de mantra, quem sabe uma fórmula mágica. São como uma meditação, e operam no âmbito do tempo e do espaço. Além de terem ação de causa e efeito, falam diretamente com seu Eu Superior, seu subconsciente e sua consciência desperta. Pouco tempo depois, você consegue alcançar a paz interior e mudar da desarmonia para a harmonia. Com as frases, você vai do afastamento para a união. Basta repetir:

Sinto muito.
Por favor, me perdoe.
Eu amo você.
Obrigado.

O que essas quatro frases significam?

Sinto muito

Peço desculpas. Percebo que sofro, e isso me conecta aos meus sentimentos. Não rejeito mais o problema, apenas reconheço que a tarefa que me cabe é a de aprender. Eu ou meus antepassados (com quem estou conectado energética e geneticamente, tanto pela tradição quanto pela história) causamos danos. Agora, pelo poder da palavra falada, eu me liberto dessa culpa.

Por favor, me perdoe

Por favor, me perdoe se, com minhas próprias atitudes ou as de meus antepassados, se consciente ou inconscientemente, perturbei a minha e a sua paz no curso de nossa evolução. Por favor, me perdoe por ter agido contra as leis divinas de harmonia e de amor. Por favor, me perdoe por, até agora, ter julgado você (ou a situação) e por, no passado, ter desprezado nossa identidade e nossa conexão espiritual.

Eu amo você

Amo você e amo a mim mesmo. Eu vejo e respeito o divino que há em você. Eu amo e aceito a situação como ela é. Eu amo o problema que ocorreu em minha vida porque ele serve para abrir meus olhos. Eu amo você e me amo incondicionalmente, com todas as nossas fraquezas e falhas.

Obrigado

Obrigado, pois entendo que o milagre já está em andamento. Agradeço a Deus e aos anjos pela transformação do meu pedido. Agradeço, porque o que recebi e o que acontecerá é o que mereço pela lei de causa e efeito. Agradeço porque, pelo poder do perdão, estou livre das correntes energéticas do passado. Agradeço poder reconhecer e me juntar à Fonte de Todo o Ser.

"Quando se levantar de manhã,
agradeça pela luz da manhã,
pela sua vida e pelo poder que possui.
Se você não vê razão
para agradecer, o problema é seu."

Tecumseh

Problemas e conflitos

A palavra "problema" deriva do grego e refere-se a uma tarefa ou disputa. Traduzida literalmente, significa "os deuses jogaram uma pedra diante de nossos pés". Os governantes do Destino e do Olimpo não fazem isso para nos incomodar, e sim para garantir o nosso crescimento. Todo problema é um desafio e oferece um exercício de aprendizado. Somos capazes de superar todos os desafios, não importa se envolvem um novo colega, um vizinho, um engarrafamento, uma doença, uma crise familiar ou um rombo na poupança. Pessoas e problemas que às vezes vemos como inimigos são, na verdade, nossos melhores amigos, porque nos mostram quais aspectos da nossa personalidade precisamos trabalhar. Também dá para dizer que a vida consiste de uma sequência interligada de testes que nos mostram exatamente onde estamos.

Prática

Por favor, sente-se numa posição confortável, num ambiente tranquilo, e pense num problema que vem preocupando você ou um amigo. Visualize esse problema, busque por ele dentro de si mesmo. Que sentimentos surgem? Respire em paz e relaxe. Analise seus sentimentos e o problema. Então, diga as quatro frases e leia os esclarecimentos relativos a cada uma. Permaneça como um observador. Repita as quatro frases mágicas até que surja um sentimento de compreensão e empatia. Agradeça.

Estamos acostumados a ver o mundo em termos dualistas. As coisas são simples ou difíceis, estão acima ou abaixo, são ricas ou pobres, é tudo ou preto ou branco. É como uma moeda, que é apenas uma, mas que possui dois lados visíveis. É exatamente assim que entendemos nossos conflitos pessoais e globais. Vemos a nós mesmos de um lado, e o conflito, do outro. Vemos uma vítima (talvez nós mesmos), então definimos que "o outro" é culpado. Com isso, queremos dizer que o outro está em dívida conosco, porque estragou nossa felicidade. Seria interessante se questionássemos aqueles que consideramos culpados, aqueles a quem responsabilizamos pela nossa inquietação, por ter nos roubado a felicidade, por nos ameaçarem ou nos prejudicarem, ou simplesmente aqueles a quem nos opomos, àqueles que evitamos no local de trabalho ou de quem desviamos quando encontramos na rua, aqueles que nos irritam facilmente. Se perguntasse a essas pessoas por que elas agem dessa forma que tanto incomoda você, provavelmente ouviria uma das seguintes respostas: "Faço o meu melhor, realmente não tenho como agir de outro jeito"; "Mas é isso que você queria!"; "Sou vítima da sociedade e das circunstâncias"... Em outras palavras, quase todos os culpados se descrevem como vítimas.

Vamos discutir acerca dos conflitos mais adiante, mas é interessante, desde já, vê-los pelo viés do Ho'oponopono da Conferência Familiar. Tanto no serviço social quanto na terapia de casal, os participantes do conflito se perguntam diretamente como contribuíram para o problema e apelam ao perdão incondicional, pedindo-o e concedendo-o. Nesses casos, nenhum dos lados quer assumir um compromisso que não seja o de maior consenso possível, e cada um encontra o outro lado num plano espiritual superior.

No entanto, vamos retomar nossa metáfora. Com o Ho'oponopono, as figuras da vítima e do culpado são canceladas. Eles são como os dois lados de uma moeda: se eu não rejeitar mais minha doença, meu colega ou minhas dívidas, e sim integrá-los e usá-los como trampolim para crescer e aprender, estou dando um salto em direção à perfeição. Estou reivindicando o poder de moldar meu próprio mundo.

> *"Experiência não é o que acontece na sua vida. Experiência é o que você faz com o que acontece na sua vida."*
>
> Aldous Huxley

É raro exercemos influência sobre as ações das outras pessoas, mas podemos decidir o que pensamos, como nos sentimos a respeito delas e quais consequências podemos esperar. A escolha está entre nos tornarmos prisioneiros dos nossos próprios pensamentos ou nos libertarmos e crescermos.

O modo vitimista de ver o mundo, tão comum, faz com que o problema seja grande demais, a ponto de as pessoas não poderem fazer nada a respeito. O Ho'oponopono vira isso de cabeça para baixo, porque nos faz enxergar que:

1. o problema está próximo de mim, por isso eu posso fazer alguma coisa a respeito;
2. se eu consigo mudar minha perspectiva, então consigo mudar alguma coisa;
3. posso mudar a mim mesmo, portanto, tenho o poder de fazer outras mudanças.

Por favor, saia das sombras e recupere seu poder de mudar o mundo.

O Ho'oponopono é uma ferramenta poderosa para resolver conflitos. Mantenha a confiança no poder do amor e do perdão e diga, simplesmente:

Sinto muito.
Por favor, me perdoe.
Eu amo você.
Obrigado.

Prática

Sente-se numa posição confortável e pense numa pessoa sobre quem tenha algumas reservas, talvez evite ou com quem até discuta de vez em quando. Busque no âmago do seu ser, então tome consciência do sentimento mais forte e central que encontrar. Torne-se um observador. Analise e descreva esse sentimento da maneira mais precisa possível. Abrace-o numa só palavra (medo, tristeza, raiva...). Respire fundo e diga: "Assim como eu, essa pessoa experimentou... (cite o sentimento). Essa pessoa experimenta... (nomeie o sentimento) assim como eu, e é isso que sinto com ela. Sinto muito. Por favor, me perdoe. Eu amo você. Obrigado". Repita o exercício e leia outra vez os esclarecimentos das quatro frases. Obrigado.

O Ho’oponopono e as leis espirituais

A lei de causa e efeito

Vivemos num Universo de causa e efeito. Cada pensamento, cada sentimento e cada palavra baseia-se em algo que já aconteceu antes. Tudo o que fazemos – e tudo o que não fazemos (recusando ou ignorando nossa capacidade de ajudar) – tem um efeito energético. Isso significa que cada um de nossos pensamentos, palavras e ações tem um efeito, que por sua vez é a causa de uma nova atividade, que, assim, se torna um novo efeito. Com a regressão, encontramos uma gigantesca rede de causas e efeitos. Esta lei da causalidade mantém o Universo em equilíbrio energético. No plano material, produz a constante transformação de todas as substâncias; no plano espiritual, garante nosso processo de aprendizado, pois colhemos o que plantamos.

As doenças da civilização, as catástrofes ambientais, o aumento da violência nas escolas... serão apenas um acaso? Será a pandemia causada pelo novo coronavírus em 2020 um mero acaso que nada tem a ver com nossos velhos padrões e os efeitos por eles gerados? Não, tudo isso é resultado do que a humanidade faz e deixa de fazer, individual e coletivamente. A lei de causa e efeito vincula os seres humanos às suas ações; como lei espiritual, torna as consequências previsíveis. Não há um Deus para nos punir. Quem dirige tudo o que acontece é um princípio de causalidade, indiferente e impassível.

Tudo está conectado a tudo

Com os *insights* e as descobertas da física quântica, hoje sabemos que tudo o que existe está conectado entre si. Agora, neste exato momento, cada mínimo bloco de construção da realidade, o *quanta*, é unido por um campo que funciona independentemente do tempo e do espaço.

No entanto, também compreendemos que nosso corpo é composto de átomos e moléculas, e que alguns deles podem ter sido carregados por um de nossos ancestrais, por Júlio Cesar ou por Nefertiti. Tudo na Terra pertence à substância deste planeta e, assim como estamos unidos no plano material, também estamos unidos pelo Espírito em planos sutis. Nossa consciência é parte da sempre presente *Anima Mundi*, a Alma do Mundo, que a tudo permeia. Cada um de nós carrega em si um aspecto de Deus. Além disso, temos um Eu Superior, um subconsciente coletivo, e uma consciência arquetípica. Assim, seja física, química, matemática, musical ou espiritualmente, estamos todos – você e eu, humanos e animais, plantas e natureza – unidos a tudo. Ao mesmo tempo que somos indivíduos, juntos formamos um todo.

Gostaria de descrever um fenômeno surpreendente que recentemente foi descoberto por processos de medição desenvolvidos e relatados pelo HeartMath Institute (Instituto Matemática do Coração): o campo eletromagnético produzido pelo coração tem um raio mensurável de aproximadamente oito metros. Isso significa que sempre tocamos uns aos outros, seja no cinema, no ônibus, na sala de espera... em qualquer lugar. Simultaneamente, também tocamos uns aos outros com nossos sentimentos, desejos e planos.

"Tudo o que era ainda é, mas de outra forma."
sabedoria Hopi

Tudo é vibração

No princípio era o Verbo, o *Lógos*, o som, o OM prateado, o acorde original. Tudo vibra. Neste Universo, não há como parar. Tudo oscila, pulsa em ritmo, circula e se move em ciclos. Tudo flui, como costumavam dizer os gregos antigos; a cada momento, milhares de processos microquímicos ocorrem em cada célula do seu corpo.

O som define o humor. É comum falarmos de "boas vibrações" ou de uma "atmosfera ruim" (más vibrações). Temos uma "antena" para esse tipo de coisa e, quando entramos num espaço, sabemos, em nosso coração, "onde a música toca". O Universo é uma sinfonia poderosa, e é porque todas as coisas vibram e estão conectadas entre si que tudo também influencia a tudo no mundo. Todos os átomos enviam e recebem energia. Através do chamado princípio da ressonância, vibrações semelhantes se acumulam. O semelhante atrai seu semelhante.

Assim como as cristas das ondas reforçam o ir e vir oscilante da maré, é possível encontrar essas oscilações contrastantes na relação culpado-vítima. E, assim como as cristas das ondas e os vales aparecem em sucessão, sempre reforçando uns aos outros, vemos esse fortalecimento mútuo no trabalho em equipe ou numa parceria comprometida. Em equipe, 1 + 1 equivale a mais que 2 porque cada indivíduo é inspirado, desafiado e incentivado mutuamente. Por outro lado, se oscilações contrastantes se anulam, é fácil ver quando nossos colegas estão sincronizados conosco. Ambas as partes podem contribuir com muitas habilidades ou atrapalhar bastante as realizações.

Todo conflito, julgamento, condenação, infelicidade e reclamação levam não apenas a um declínio de energia ("Estou ocupado!"), mas também à dissonância e à discordância ("Não quero mais ouvir isso!"). Essa desarmonia se opõe ao amor e leva à doença e à separação ("Só quero dar o fara daqui."). Por outro lado, a harmonia e a simpatia sincera levam à saúde e à unidade. Como, no mundo, tudo influencia tudo, contribuímos para a harmonia quando descobrimos nossa parte na desarmonia e mudamos a nós mesmos, entrando assim em processo de cura. Somos parte deste mundo. Quando nos curamos, curamos o mundo. Se há algum distúrbio, podemos senti-lo em nós mesmos. E, se encontramos nossa parte no distúrbio e entramos outra vez em harmonia, estamos participando ativamente do processo de cura do mundo.

Prática

Por favor, releia a seção anterior e busque definir em quais situações sente vontade de parar de ouvir e quando quer fugir. Liste essas situações num caderno e reconheça que são algumas experiências que anseiam por cura e resolução.

Faça um Ho'oponopono para cada situação e as aceite como tarefas de aprendizado. Medite sobre cada uma delas e repita as quatro frases mágicas:

Sinto muito.
Por favor, me perdoe.
Eu amo você.
Obrigado.

Perdoe-se por ter atraído essas situações para si mesmo no passado. Simplesmente desista de se opor a elas seja em que nível for, pois tudo contra o que nos defendemos apenas se volta contra nós com um poder ainda maior.

A humanidade, Espírito do Espírito de Deus

Somos muito mais do que esse corpo físico. Também não podemos ser reduzidos aos nossos pensamentos. Nós não somos esse corpo, mas temos esse corpo. Também não somos nossos pensamentos, mas temos pensamentos – que com frequência não são nossos, mas sim o reflexo de um estímulo externo, como as manchetes de um grande jornal que nos preocupam, por exemplo.

Nós, você e eu, animais e plantas, somos seres espirituais. O núcleo de nossa verdadeira identidade é divino. É aquilo que não envelhece, que sempre foi e que sempre será. Em hebraico, essa centelha divina imaterial é chamada de *odem*; em sânscrito, de *atma*. O conceito dos *Huna* é expresso como *kane*, o Espírito do Espírito de Deus. Assim como uma gota de água possui todas as propriedades químicas e elementos do oceano a que pertence, temos, em nossa consciência mais pura, todas as qualidades de Deus – só que em pequena escala. Temos as mesmas qualidades de Deus, mas em quantidades diferentes. Assim, eu e você não somos seres materiais tendo uma experiência espiritual. Pelo contrário: por natureza, somos não físicos, somos seres espirituais tendo uma experiência material, e todos nos encontramos nessa mesma jornada.

O mundo é o que acreditamos que ele seja

Imagine que está preso num engarrafamento. Se não tem um compromisso importante e urgente, você pode contemplar a situação com leveza e descontração. É certo que a situação pode parecer bem diferente se for o seu trabalho, relacionamento ou até mesmo a vida de outra pessoa que está em jogo. O mesmo engarrafamento pode ser a salvação de uma pessoa e uma catástrofe para outra.

Segundo o budismo, toda situação, todo evento e todo objeto é essencialmente vazio. Só ganha sentido quando é contemplado. Para os *Huna*, isso se traduz como "o mundo é o que pensamos que seja". Nosso mundo é subjetivo.

Já é sabido que o mundo é muito mais do que apenas aquilo que conseguimos perceber com nossos sentidos. O alcance e o espectro perceptivo de nossos olhos, ouvidos, nariz, pele e língua são limitados e variam de indivíduo para indivíduo. Além disso, da enxurrada de informações e dados que chegam até nós, nosso cérebro filtra apenas o que julga ser importante, levando em conta nosso condicionamento cultural. O mundo trabalha em nós, e experimentamos a realidade como resultado de nossas experiências passadas. Esse passado, junto de nossos pensamentos e sentimentos, das opiniões que aprendemos e de suas interpretações, tudo isso forma nosso mundo. A partir da verdade, formamos uma realidade que opera sobre nós.

> *"Hoje, você está onde seus pensamentos o trouxeram; amanhã, estará onde seus pensamentos o levarão."*
>
> James Allen

Criamos nosso futuro com cada um de nossos pensamentos, com cada palavra que dizemos. Se pensarmos com amor e com empatia pelo outro, seremos cocriadores de um futuro harmonioso. Pensamentos cheios de dúvida, aversão e amargura vão nos relegar a cocriadores de um futuro sombrio. Pensamentos e palavras de amor e perdão elevam as vibrações. Pensamentos de inutilidade e de condenação baixam as vibrações. Cabe a nós decidir o tipo de filme que gostamos de ver, o tipo de comida que gostamos de comer, o tipo de coisa em que acreditamos e onde trabalhamos.

O espírito do Ho'oponopono

A paz começa comigo

O psicólogo e especialista em gerenciamento Anthony Robbins relata que o sucesso em seus seminários sobre programação neurolinguística e desenvolvimento pessoal depende das experiências de cada indivíduo. E essas experiências são baseadas principalmente em erros. Falhas passadas, como a falência de uma empresa ou um casamento destruído, só se tornam erros se não nos ensinarem nada. Caso contrário, são apenas eventos e experiências.

Passei anos a fio me incomodando muito e brigando comigo mesmo pelos meus erros. Eu me ressentia das pessoas que tinham me prejudicado e pensava muito nelas, permitindo que tivessem força e poder mental sobre mim. A cura da minha alma começou num encontro literário com Louise L. Hay. Ela recomendou que eu amasse a mim mesmo.

Sinto muito.
Eu me perdoo.
Eu me amo.
Obrigado.

Prática

Examine o seu passado em busca de erros ou falhas de julgamento pelos quais não consegue se perdoar. Observe tudo de longe. Escolha um evento específico e o analise com atenção, avaliando como aquilo contribuiu para seu processo de aprendizado. (Não fique imaginando que poderia ter se poupado desse erro. Se não o tivesse cometido, o erro ainda estaria em algum lugar em seu caminho.) Agora, perdoe a si mesmo por ter passado tanto tempo irritado. Diga as quatro frases mágicas e se desapegue dessa lembrança para sempre.

O perdão é um antídoto físico e mental muito eficaz contra os venenos. Pensamentos negativos envenenam o corpo. A alma fica doente primeiro, e o corpo a segue.

Estresse constante, impaciência e mau humor azedam o corpo e envenenam as células. As consequências costumam ser o envelhecimento prematuro, a falta de iniciativa e a depressão. Um espírito carregado de culpa se torna melancólico. Quando amamos a nós mesmos e nos perdoamos apesar de nossos erros do passado, fortalecemos o sistema imunológico e rejuvenescemos.

Não temos como mudar as outras pessoas, mas cada um pode começar mudando a si mesmo e, assim, servir como modelo para os outros. Este mundo pode experimentar a paz, basta encontrarmos harmonia dentro de nós mesmos, basta nos contentarmos com o que somos, sem buscar apenas a felicidade no exterior. Tendo paz dentro de nós mesmos, somos capazes de transmitir paz aos outros. As pessoas se transformam quando querem mudar a própria direção.

"Só existe um pedacinho do universo que você com certeza pode melhorar: seu próprio eu."
Aldous Huxley

Curando o passado

Ao longo da vida, podemos passar por eventos que causam feridas difíceis de curar. Sofremos golpes no corpo ou na alma. Somos vítimas de maus-tratos. Seja o que for, é impossível desfazer o que foi feito. Mas podemos remover essa influência tão prejudicial.

O passado vive em nós como memória. Ainda está presente em nós, e os significados que atribuímos aos eventos do que aconteceu há pouco ou muito tempo são dirigidos pelos sentimentos do agora. Devemos conceder aos outros o direito de determinar como falamos, agimos ou pensamos? Não.

Quando mudamos os sentimentos que nos conectam aos eventos, também mudamos a memória que temos dos fatos. E, quando mudamos a memória, mudamos a visão do presente e do futuro. Às vezes, isso requer longos anos de terapia, mas, com o Ho'oponopono, esse salto quântico geralmente acontece em poucos minutos.

O momento do poder é agora

Quero convidá-lo a dar um salto quântico. A força que move nossas ações é o subconsciente, e ele foi programado por nós, ou melhor, por alguém. Talvez seus pais acreditassem que você era um fracasso, ou talvez você tenha um parceiro que tenta controlar sua vida, sempre dizendo como você é ruim em tudo. O fato é que a única coisa que conta é aquilo em que você acredita. Só o que importa é como você enxerga a si mesmo, é a sua autoimagem.

Prática

De manhã e à noite, pare diante de um espelho e repita dez vezes, intensamente:

Sinto muito.
Por favor, me perdoe.
Eu amo (seu primeiro nome).
Obrigado.

Talvez a mudança não ocorra imediatamente, e você pode até ficar triste ou com raiva. Seja como for, se você não se ama há anos, é difícil passar a se amar de repente. Somos criaturas de hábitos, e talvez devêssemos primeiro adquirir o hábito de amar a nós mesmos. Não se trata de uma atitude egoísta, é um ato de sensatez. Crie o hábito de amar a si mesmo. Pensamentos negativos sobre você e os outros são apenas resultados de um hábito. É um hábito de que você pode abrir mão.

100% de responsabilidade e 100% de poder

É preciso que haja dois lados para se iniciar um conflito. Isso vale até para quando brigamos com nós mesmos, pois toda a questão gira em torno de um diálogo interno de incerteza ou dúvida constante. O problema é sempre meu porque sou parte dele. Tenho minha parcela de culpa, mesmo quando não sou a causa óbvia. Se eu aceitar que há em mim uma vibração que atrai os problemas através do princípio da ressonância, vou da impotência ao empoderamento e posso contribuir para criar uma solução.

No geral, estamos acostumados a reagir a circunstâncias, eventos e pessoas. Assumir 100% de responsabilidade por tudo o que entra em nossa vida significa dar o salto da reação à ação. O treinador e consultor empresarial Stephen R. Covey chama isso de *se tornar proativo*. Assumir 100% da responsabilidade significa entender que se tem a liberdade de decidir quais reações serão experimentadas. Quando compreendemos que somos seres espirituais, reconhecemos que todos os seres vivos existem em igualdade e podemos, então, desenvolver qualidades de empatia, compreensão e igualdade em nós mesmos.

> "*Os fracos não podem perdoar. O perdão é uma qualidade dos fortes.*"
>
> Mahatma Gandhi

Revendo todos os meus conflitos pessoais do passado, noto que meus oponentes estavam apenas buscando chegar a algum entendimento, assim como eu. Quando encaramos as pessoas, quem quer que elas sejam, com simpatia, sem oferecer apreciação ou depreciação sobre seus atos, suas defesas caem. Quantas vezes fui para a batalha ou simplesmente resisti porque me senti mal compreendido? O segredo do sucesso do método Ho'oponopono de resolução de conflitos está em dar um passo para trás, sem julgar nada nem ninguém. A consequente falta de julgamento faz com que o Universo possa prosseguir em harmonia, revelando, assim, soluções que nunca sequer imaginamos.

Prática

Busque um problema relacionado à proteção do meio ambiente, uma situação em que você se sinta impotente, forçado a acreditar que há outras pessoas envolvidas e que são elas as responsáveis pela destruição do mundo natural.

Visualize o problema com todos os resultados, que são tão terríveis para você. Agora pergunte a si mesmo: qual é sua parte nesse conflito? Quais são as coisas que você usa ou faz e que contribuem para agravar o problema? Como esses produtos e atitudes justificam o comportamento dessas pessoas? Faça um Ho'oponopono. Seu subconsciente já sabe há muito tempo que você não está em harmonia com seus valores conscientes, o que causa um conflito interno. Perdoe a si mesmo, incondicionalmente. E perdoe a si mesmo e a todos os outros pelo seu comportamento. Repita as quatro frases mágicas durante um dia inteiro, observando seu interior, buscando maneiras construtivas de fazer algo para ajudar a resolver a questão ambiental. Agradeça.

Da separação à unidade

Não há nada neste mundo que não seja importante ou que não tenha valor. Tudo tem seu significado e é uma expressão da vida que carrega dentro de si. Tudo é real. As duas sílabas *re* e *al* têm origem no antigo Egito. *Re* significa "Deus", e *al* pode ser entendido como "penetrante, existente". Na linguagem sacerdotal, a palavra "real" descreve a existência penetrante de Deus, o holograma presente e completo, a verdade absoluta. Em outras palavras: Existe apenas Deus.

Na história bíblica da chamada Queda, o Ego material – a falsa projeção do que somos – tentou se separar de Deus, da realidade, e, em seu medo, criou diversas verdades relativas. Desde então, as pessoas podem dizer: "Tudo é relativo". As mentiras foram explicadas como verdades, e a lei estabeleceu que o *talvez* é o *certo*. Nesse novo ambiente materialista, aqueles que pensavam de maneira diferente e os "povos não civilizados" eram encarados como bestas, como criaturas de pouco valor. Não tinham direitos, deveriam ser ensinados a viver e poderiam ser mortos. Essa compreensão falsa do Ego só compensava sua falta de valor enquanto promulgava o triunfo de sua expansão, descartando como exceção ou como "caso especial" tudo o que não se adequava a suas ideias. Uma dessas falsas projeções é a de que "se tenho mais, meu valor é maior; se tenho menos, meu valor é menor".

Na década de 1990, eu trabalhava como editor. Ainda me lembro da sensação exata quando, de repente, senti que era especial. Isso durou quase uma semana, depois o sentimento cotidiano voltou. A única coisa que tinha mudado era minha designação profissional. Eu continuava exatamente o mesmo.

Mas esse impacto foi ainda pior para um sujeito de Boston, como Bill Ferguson relatou em seu reconhecido programa, *A maestria da vida.* (Para mais informações, consulte www.masteryoflife.com. Aliás, preciso agradecer a Bill Ferguson e a seu programa pelo importante apoio que até hoje recebo.) Esse tal sujeito trabalhou sem descanso para, de alguma forma, realizar o próprio sonho: ter uma casa de 1 milhão de dólares. Ele conseguiu chegar aos finalmentes, comprando uma casa num bairro de classe alta. E, com isso, sentiu-se especial – pelo menos por algumas horas. Quando foi dar uma volta pelo bairro, percebeu que tinha comprado a menor casa da região. Totalmente chocado, sem chão, sentindo-se imensamente inferior aos vizinhos, ele fez da vida da esposa um inferno: por que ela não tinha prestado atenção nisso? O casamento acabou tempos depois e, pelo que me lembro da história, a casa foi vendida.

Às vezes, o relacionamento que temos com nossos erros atinge níveis bizarros, como, por exemplo, quando as pessoas passam a se definir pela dor que sofrem, apaixonando-se pelos próprios problemas. O cérebro constrói uma rede neural baseada nisso, e assim sempre buscamos novas razões para nos sentirmos mal, justificando por que somos exatamente o que acreditamos ser, ou seja, buscando motivos para entender por que não somos bons o suficiente. Podemos pensar que os culpados são os pais, a educação e as circunstâncias. Mas, no centro de toda essa dor, está o falso entendimento de nossa própria identidade – ou seja, o Ego material, com suas três armas: o medo, a separação e a culpa.

Prática

Sente-se e relaxe, deixando os pensamentos livres. Defina em que momentos você se sente melhor, mais esclarecido, mais humano, mais respeitado do que os demais. Em que ocasiões é tão bom ser alemão, espanhol, branco, indiano, homem ou mulher, a ponto de as outras pessoas nem sequer terem uma "pista" do que isso significa? Visualize essas situações. Faça um Ho'oponopono pedindo perdão a todos aqueles que você considera menos valiosos. Como segundo passo, faça um Ho'oponopono e pergunte a si mesmo por todas as oportunidades de perdão nas quais se sentiu menos digno. Agradeça – você contribuiu diretamente para a paz mundial.

Nossos sentidos são imperfeitos, e, de acordo com a *ayurveda*, a milenar ciência médica da Índia, nove em cada dez conclusões estão simplesmente erradas. Ou seja, nossa objetividade é de apenas 10%. Precisamos compreender que julgamentos e apreciações nos levam à separação, e que aceitação e perdão nos trazem de volta à unidade. A separação gera desarmonia, isolamento, medo, arrogância e doença. Por outro lado, a harmonia e a concordância geram alegria, felicidade, saúde e riqueza interior – e, se for do seu desejo, as riquezas exteriores a isso se seguem. Deus, o Universo e a Fonte não julgam, pois sabem que a cada segundo fazemos tudo o que é possível por nós mesmos. Quando julgamos, nos colocamos acima de Deus.

Inteligência espiritual

O objetivo do Ho'oponopono e do princípio do *aloha* é acabar com julgamentos para apenas apreciar e fortalecer nossa capacidade de discriminação. A inteligência espiritual, que se traduz num entendimento maior das leis espirituais e da unidade entre todos os seres, é reforçada pelas quatro frases mágicas de Ho'oponopono. As características dessa forma de inteligência são a calma, a capacidade de avaliar a nós mesmos e nossos próprios poderes (que em hipótese alguma vamos usar para prejudicar a nós mesmos ou os outros) e a capacidade de discernir entre o que é benéfico e o que dificulta o nosso desenvolvimento. Uma antiga fábula demonstra a rapidez com que podemos prejudicar a nós mesmos e aos outros se não tivermos, por exemplo, a capacidade de discriminar entre o bom e o ruim:

> Um camelo estava bebendo água num rio quando um escorpião veio e falou:
>
> – Ah, querido camelo, preciso chegar com muita urgência ao outro lado do rio.

Minha tia doente está me esperando. Só eu posso ajudá-la nesse momento de necessidade, porque sei cozinhar uma boa sopa. Os camelos são conhecidos como os melhores nadadores do mundo. Por favor, seja misericordioso e me leve ao outro lado!

– Hum, mas você é um escorpião – respondeu o camelo. – Tenho medo de levá-lo nas minhas costas para atravessar o rio e você me picar, porque aí vou morrer.

Ao ouvir isso, o escorpião respondeu:

– Ah, como pode pensar que eu faria uma coisa dessas? Se eu picar você bem no meio do rio, vou me afogar também! Confie em mim, *preciso* de você.

Depois de ouvir essas palavras, o camelo se ajoelhou e deixou o escorpião subir em suas ancas, e então entrou no rio. Os dois foram conversando, e o escorpião tinha muito a dizer sobre sua família. Quando chegaram juntos ao meio do rio, o escorpião ergueu o ferrão, que cintilou ao sol, e picou o camelo com toda a força. Contorcendo-se de dor, o camelo perguntou:

– Por que fez isso? Agora nós dois vamos nos afogar!

– Eu não pude evitar – respondeu o escorpião.

Nós, humanos, não somos o que fazemos apenas uma vez. Nós somos o que fazemos repetidamente. Somos nossos hábitos. Com ajuda do modelo formal do Ho'oponopono, alcançamos o estado necessário de descanso e relaxamento para conseguir dizer "não".

Prática

Neste exercício curto, porém muito poderoso, vemos o Ho'oponopono agindo como um diálogo interno que cria uma nova programação mental para nossas ações inconscientes. É uma conversa com nosso subconsciente – ou, como dizem os havaianos, uma conversa com nossa criança interior.

Se você se reconheceu na história do camelo ou se conhece alguém que se alegra em ajudar outras pessoas, mas permanece insatisfeito porque ninguém atende às suas necessidades, eis aí uma boa oportunidade para um Ho'oponopono. Neste exercício, buscamos o perdão por, no passado, não termos cuidado o suficiente de nós mesmos e de nossas próprias necessidades. Buscamos perdoar a nós mesmos e aos outros pelas palavras de reprovação proferidas. Por favor, sente-se numa posição confortável e mergulhe em seu coração. Peça perdão por ter se importado pouco com a própria saúde. Diga as quatro frases mágicas e repita o exercício para todos os problemas que vierem à mente.

Eu amo você. Sim, amo você.
Sinto muito.
Por favor, me perdoe.
Obrigado.

O Ho'oponopono na prática

O Ho'oponopono como conferência familiar

A família havaiana é chamada de *ohana*, que significa "várias plantas com uma única raiz". É como diz o ditado: "se uma pessoa da família tem um problema, todas as pessoas da família têm um problema". Sim, isso é compreensível. É possível ser feliz e encontrar a paz em nosso coração se alguém próximo a nós está sofrendo? Não. Estamos todos unidos, ligados uns aos outros. Nós nos conectamos em nossos pensamentos, em nosso coração, no campo morfogenético e através de nossos genes. Talvez você conheça a versão moderna da prática da constelação familiar, desenvolvida na década de 1990 pelo psicólogo alemão Bert Hellinger. Trata-se de um processo terapêutico que visa liberar tensões e resolver conflitos entre as pessoas de uma mesma família. Quem já experimentou essa prática, testemunhou em primeira mão a intensidade com que todos estamos conectados, mesmo a pessoas que consideramos completamente desconhecidas.

Nosso local de trabalho também é uma espécie de família. Muitas pessoas passam mais tempo no trabalho do que em casa, compartilhando mais de seus sentimentos com os colegas do que com as pessoas com quem têm um relacionamento íntimo. Se um colega tem algum problema, se o chefe está de mau humor ou se alguém está sendo assediado, o problema, na verdade, é de quem? É o mesmo na escola, que também é um tipo de família. Se um aluno não está completamente integrado à comunidade, pode, em busca de atenção, incomodar os colegas ou levar um professor à beira da loucura.

Um Ho'oponopono tradicional, que segue o método de conferência familiar, é dividido em cerca de 13 etapas. Estas, numa visão geral, podem ser divididas em quatro seções: *pule*; *mahiki*; *mihi* e *kala*; *pule ho'opau* . Os pré-requisitos para o sucesso são um objetivo comum (algo que desejemos alcançar) e o desejo comum de crescer. É fundamental que a proteção das crianças, dos animais, das plantas, dos rios e das montanhas ocupe o primeiro lugar. A Terra pertence a todos, e sua preservação é nossa principal prioridade.

1. A oração – o *pule*

Na oração comunitária, cada um de nós se conecta à Fonte, a Deus e aos ancestrais. Assim, nos elevamos a um nível mais alto de energia a fim de mudar padrões. Pois se sempre fazemos a mesma coisa por simples hábito, teremos sempre o mesmo resultado. Com a oração, reconhecemos que nosso objetivo é procurar ajuda, talvez porque estejamos presos num padrão de relacionamentos. No entanto, em vez de pedir para que o problema seja resolvido pelos outros ("Querido Deus, por favor, faça com que Ben ouça a voz da razão, pelo menos uma vez...), pedimos direcionamento, inteligência, força para ouvir e coragem para falar a verdade. Finalmente, o conflito nos oferece uma oportunidade de realização e crescimento mútuo.

2. A descrição do conflito – o *mahiki*

Na segunda etapa do processo, cada um fala das necessidades e expectativas não atendidas, mas também das injustiças, violações de regras e do sofrimento experimentado.

3. Os pedidos mútuos e as garantias de perdão – os *mihi* e os *kala*

Na terceira etapa, todos os participantes buscam sua parte no problema. Ao abandonar os caminhos bem trilhados do típico relacionamento culpado x vítima, todos estão prontos para buscar com honestidade em seu coração as maneiras pelas quais cada um contribuiu para o problema.

Um exemplo explicativo

Alguém da família começa a beber e negligencia seus deveres. A partir disso, outros problemas e conflitos surgem em casa. Há uma pergunta em aberto que todo mundo precisa fazer em seu coração: "Se fiz algo que causou uma insatisfação dentro do meu irmão e, por causa disso, ele começou a beber, o que foi?"

Talvez, no passado, alguém tenha menosprezado essa pessoa, discutido com ela; talvez seu cônjuge a tenha ofendido; talvez não a tenha levado a sério ou tomado qualquer outra atitude que fez com que a pessoa tenha procurado o alento do álcool. "Qual é a minha parte no que causou o vício em bebida do meu irmão?"

Depois que todos falam e limpam seus corações, segue-se um pedido comum de desculpas e mútuo de perdão. A vítima perdoa o culpado, o culpado perdoa o culpado, o culpado perdoa a vítima e a vítima perdoa a vítima. Assim, o assunto é dado como *oki* – como resolvido.

4. A oração comunitária de agradecimento – o *pule ho'opau*

No quarto passo, todos falam juntos a oração de gratidão. A gratidão é essencial, pois o assunto está agora com Deus, os anjos e os antepassados, que vão se ocupar com a transformação. É tarefa nossa confiar nas obras de Deus e não agir mais do jeito antigo, a que estamos acostumados. O que está *oki*, está *oki* para sempre. É tradicional terminar um Ho'oponopono com uma refeição em comunidade.

Todos vivemos em vários tipos de comunidades que consideramos familiares: a própria família, a sociedade, a cidade, o país... Os seres humanos pertencem à família *mammalia*, e o nome que damos à totalidade de nossa grande família é *ecossistema*. O campo de aplicação e as possibilidades do Ho'oponopono são muito amplos. Talvez seus colegas não estejam prontos para se juntar a você a fim de criar um "hopopopopo, ou seja lá o que é isso", mas você pode fazer o processo por eles em espírito e observar o que acontece.

"Antes que o sol se ponha, perdoe."
provérbio havaiano

O Ho'oponopono como método de purificação pessoal

Relacionamentos e parcerias

Todos somos espíritos do Espírito de Deus, o *kane*. Somos filhos de Deus e, como irmãos e irmãs, herdamos um paraíso. Nossa tarefa natural é manter esse paraíso, a Terra. Assim como recebemos o presente perfeito do nosso corpo, também vivemos num planeta em que não precisamos de mais nada do que o que nos foi dado. Nenhum de nós fez a água, o ar ou a terra. No entanto, ainda assim é difícil para nós vivermos e trabalharmos juntos.

Enquanto vive por conta própria, você talvez possa acreditar que é uma pessoa muito sociável. Inclusive, eu mesmo sempre pensei que me saía muito bem nesse quesito. No entanto, nem todas as minhas companheiras compartilharam dessa opinião. Em qualquer parceria ou local de trabalho, onde as pessoas fiquem muito próximas, todos logo percebem os problemas de uma pessoa. Todo mundo vê, exceto a pessoa em questão.

Basta espremer o tubo que a pasta de dente sai, e isso também acontece com o que existe dentro de uma pessoa, que é pressionada quando enfrenta algum desafio num relacionamento. Seja num casamento ou em outros relacionamentos humanos, uma de nossas missões na vida é sempre aprender a trabalharmos juntos para o bem-estar da humanidade, dos animais, das plantas e das rochas.

Prática

Portanto, se tiver dificuldades com alguém, abençoe essa pessoa, repetindo várias vezes em espírito:

Sinto muito.
Por favor, me perdoe.
Eu amo você.
Obrigado.

Lembre-se disto: toda situação traz consigo uma oportunidade de aprendizado. Faça uma lista de cada pessoa, animal e planta com quem deseja viver em pureza.

Então, em pensamento, faça um Ho'opono-pono com cada um.

"Deus dorme nas rochas,
Sonha nas plantas,
Desperta nos animais
E age nos seres humanos."
provérbio indiano

Talvez você viva, ou costumava viver, numa parceria infeliz, ou talvez tenha acabado de terminar um relacionamento e ainda carregue mágoas que precisam ser curadas. Enquanto pensarmos num relacionamento com ressentimento, ódio, tristeza ou decepção, o princípio da ressonância nos fará atrair um relacionamento semelhante, ou pelo menos nos impedirá de viver um novo relacionamento harmonioso e amoroso. Se não curar as feridas das antigas parcerias, é muito provável que você sofra outra vez essas mesmas feridas, agora renovadas. A raiva, o ódio e a amargura são emoções fortes que atraem seus alvos com uma precisão impressionante. Foi isso, aliás, o que muitas pessoas, em diferentes partes do mundo, experimentaram durante o isolamento social imposto pela pandemia do novo coronavírus: uma vez que precisaram conviver em tempo integral com familiares, cônjuges etc., notaram a importância que há em cultivar relacionamentos harmoniosos.

Prática

Por favor, perdoe a si mesmo por ter vivido um relacionamento que não lhe ajudou. O bem que vem disso é que agora você está mais sábio. Portanto, você venceu! Libere as energias do antigo relacionamento, perdoe seu antigo parceiro e liberte-se. Perdoe-se incondicionalmente e diga adeus a todos os sentimentos de culpa.

Saúde

Jesus de Nazaré é considerado o maior curandeiro da história do mundo. Ele curou os cegos, os mancos, os espiritualmente ignorantes e outros. Mas espere um pouco!

Nas histórias bíblicas, Jesus sempre enfatizou que não curava as pessoas, e sim suas crenças. A cada momento em que reconhecemos nossa perfeição e completamos a mudança de paradigma, nós nos tornamos saudáveis e curados. Esse reconhecimento pode acontecer espontaneamente ou pode ser praticado – por exemplo, através de afirmações, declarando como somos saudáveis e poderosos, em vez de carentes e incompletos.

Nos templos havaianos, toda cura física é precedida de um Ho'oponopono. Opera-se, assim, segundo a lógica de que o espírito deve ser curado para que a cura possa chegar ao corpo, pois nossa consciência controla nossa parte material. Sabemos, pela física quântica, que a consciência é o fator decisivo na criação de uma nova realidade a partir de um sem-número de possibilidades.

Outro dos grandes médicos da história mundial, Hipócrates, escreveu sobre o mesmo tema: "Não existem doenças sem cura, só pessoas sem cura". Ser curado é ser completo, porque, quando estamos doentes, nos falta alguma coisa. Mas não é saúde que falta, e sim crença e confiança em nossa perfeição. Talvez nos falte essa confiança porque não tivemos a experiência da perfeição. Uma pessoa que nunca teve um ataque de asma tem uma experiência diferente daquela de alguém que só deseja se livrar da própria asma, não importa como.

Gesundheit, a palavra alemã para saúde, contém o conceito de *sund*, que em escandinavo se refere a algo "estreito", uma passagem de água que liga dois mares ou dois grandes corpos de água. *Sund* também está presente na palavra em inglês *sunder*, que significa "dividir". Portanto, o caminho para a saúde pode ser entendido como a superação do rio que nos separa de nossa perfeição divina, e o Ho'oponopono pode nos ensinar a nadar. Enquanto praticamos a renúncia a tudo que é negativo e destrutivo, sejam pensamentos, palavras ou ações, estamos entrando de volta na unidade e na harmonia divina.

Louise L. Hay, autora especializada em pensamento positivo, descobriu a conexão entre 86 disposições espirituais e físicas e publicou, em 1976, o clássico *Cure seu corpo*. Alguns anos depois, esse conhecimento foi posto à prova quando ela foi diagnosticada com câncer. Numa entrevista para o filme *Você pode curar sua vida*, Louise relatou como o câncer foi curado através de um processo completo de desintoxicação física e espiritual. Ela foi desafiada por todas as experiências traumáticas de sua infância e passou no teste, liberando e perdoando todos aqueles que tinham participado desses traumas. Em seu trabalho terapêutico, percebeu que sua doença e quase todas as doenças e os problemas de seus clientes desapareceram no instante em que ela ou os clientes começavam a se aceitar, a se perdoar e a se amar. "Eu amo você. Eu me amo." "Eu amo você" tem o mesmo significado que "eu me amo". O subconsciente não faz distinção entre o interior e o exterior.

Se uma pessoa não se perdoa pelos erros do passado e acredita que ainda é culpada, ficará doente. No fim das contas, a pessoa terá que sofrer e ser punida por seus erros. É bem simples: se você não para de se repreender por alguma coisa, programa seu subconsciente para gerar uma punição. Com isso, vai passar a comer demais ou comer pouco, dormir demais ou dormir pouco, talvez trabalhar até a morte ou querer agradar a todos. Se nos punirmos e nos repreendermos inconscientemente, pode acontecer de nossa autoconsciência defeituosa, além de enfraquecer nosso sistema imunológico, também atrapalhar nossa conta bancária – o que, enfim, fecha o ciclo: quem não tem valor, não tem dinheiro e não merece recompensa.

Profissão, vocação e remuneração

Cada um de nós possui capacidades únicas. Esses talentos são nossa contribuição exclusiva para o bem-estar do Todo. Cada pessoa traz consigo um tesouro valioso: sua vocação individual. Vocação significa um chamado dentro de nós, um propósito. Quando seguimos esse chamado, tudo corre bem. Estamos em sintonia com a vida e com nós mesmos. Seguimos vivendo um plano maior que nós.

Imagine a seguinte situação: você está deitado em seu leito de morte, e suas capacidades se aproximam, uma a uma, e perguntam por que você não tentou desenvolvê-las mais. Finalmente, chega seu sonho – o sonho que você sempre quis realizar, e ele pergunta: "Por que não me viveu? Eu falei com você todos os dias". E então, qual seria sua resposta?

Prática

Se ainda não conhece sua vocação, se está desempregado ou tem um emprego que o destrói física e espiritualmente, perdoe-se de vez. Faça um Ho'oponopono. Confie em si mesmo e siga as quatro etapas. Passe da Sombra para a Luz. Ame a si mesmo e se aceite incondicionalmente, qualquer que seja sua situação. Então direcione toda a sua atenção com vontade para a solução.

Recebo muitas cartas falando de problemas no trabalho, nas finanças, nas parcerias e com a saúde. No trabalho, principalmente, volta e meia somos confrontados por colegas agressivos. Podemos sofrer com decisões irracionais e ter que fazer coisas completamente contrárias aos nossos valores.

O dinheiro é a expressão do valor de nosso desempenho, é o nosso pagamento. Um amigo, por exemplo, deseja um honorário bem grande e atípico pelo trabalho como garimpeiro. "Porque eu me amo", como ele me disse, sorrindo, alegando que sempre faz um bom trabalho – o que é apenas natural para pessoas que se amam e valorizam seu trabalho. Então, comece a se valorizar, aumente seu valor.

O saldo bancário é, entre outros, uma expressão da autoimagem, da imagem que cada um de tem de si próprio. Se o saldo devedor da conta bancária está sempre subindo e descendo, então você precisa se perguntar, simplesmente, se não há algo paralelo acontecendo dentro de você. Procure a razão em seu coração, e então perdoe a si mesmo.

Num estudo realizado em 2008 pela Universidade Carnegie Mellon, intitulado *Why play a losing game?* (Por que jogar para perder?), a autora principal, Emily Haisley, tenta entender por que norte-americanos de baixa renda apostam na loteria. O estudo constatou que, pouco tempo após a vitória, a maioria dos vencedores de prêmios milionários voltava ao mesmo ponto financeiro em que estava antes de receber seus ganhos. Quase todos chegavam até mesmo a endividar-se. Será que nossa realidade é resultado direto de nosso condicionamento, de nosso padrão de pensamento e do tipo de relacionamento que cultivamos? Ao que parece, a causa está no âmbito espiritual. O efeito, por sua vez, é sentido nos reinos materiais.

O desafio político mundial

Se alguém da família tem um problema, todos têm um problema. Esse mesmo padrão é verdadeiro nos planos local e global. O mundo não está se reunindo apenas via Internet, mas também através dos modernos meios de transporte que nos permitem alcançar todos os pontos da superfície da Terra em cada vez menos tempo. Com isso, nos vemos diante de grandes desafios: genocídios, guerras religiosas, crises de energia, crises bancárias, corrupção, quantidades intermináveis de sangue fluindo dos matadouros, pobreza, fome, catástrofes ambientais e pandemias, como a causada agora pelo novo coronavírus. E, por último, mas não menos importante: nos últimos cinquenta anos, a humanidade tem produzido algo em quantidades que ameaça sufocar a todos: lixo.

O que um indivíduo pode fazer, o que eu e você podemos fazer? Como emergir da névoa de impotência apática e aceitação abnegada, dessa atitude que diz: "Não importa, não há nada que eu possa fazer"?

Eu sou parte deste mundo.
Quando mudo, o mundo também muda.

Quando eu e você começamos a entender de verdade o que podemos conquistar com a fé, a confiança, as palavras, os sentimentos, as leis quânticas, o amor e o perdão, recebemos uma ferramenta poderosa para mover os eventos mundiais numa direção positiva.

Você já ouviu falar em hologramas? Um holograma é uma imagem com uma propriedade especial: se dividi-lo em pedacinhos e olhar para cada uma das novas partes minúsculas com a ajuda de uma lupa, verá a mesma imagem em cada fragmento. Metafisicamente falando: assim como no grande, também no pequeno. Um macrocosmo no microcosmo. Nosso universo também é um holograma. Vivemos num holograma.

Você e eu somos partes deste Universo; somos partes e imagens de Deus. Isso significa que o Universo e Deus também agem através de nós. Dê um passo na direção de "acertar o certo", e todo o Universo dará um salto em direção à harmonia e à paz. Isso confere poder e responsabilidade a cada indivíduo.

Cada um de nós pode começar por si mesmo. Se algo o incomoda, se deseja melhorar ou harmonizar algo neste planeta, faça a você mesmo as quatro perguntas a seguir:

1. Quem tem o problema?
2. Quem é o problema?
3. Quem tem poder?
4. Quem tem a responsabilidade?

Por favor, faça um Ho'oponopono para cada pergunta e perdoe incondicionalmente a si mesmo e a todos que de alguma forma tiveram parte na questão.

Depois que mudar a si mesmo, e, portanto, também ao planeta, saindo da autodestruição para um lugar de amor, estabeleça o paradigma da mudança e procure novas possibilidades. Pergunte a si mesmo: se houvesse algo que eu pudesse fazer como parte da solução, o que seria? Simplesmente direcione sua atenção para longe do problema, concentrando-se na solução.

Estamos todos viajando
Numa jornada mútua.

Cure a si mesmo,
E você curará o mundo.
Obrigado.

Posfácio

Aloha, querido leitor,

Espero que, lendo meu livrinho, você tenha adquirido um conhecimento valioso e que esteja pronto para atravessar os momentos difíceis com que às vezes nos deparamos na vida. Talvez tenha se tornado consciente daquilo que deseja mudar ou desenvolver em você. Desejo, de todo o coração, que tenha sucesso. Desejo também que, com o despertar da nossa consciência, cada um de nós colabore para que a humanidade evolua não só em termos tecnológicos e materiais, mas fundamentalmente em termos espirituais, tornando este mundo um lugar de paz e de amor para todos.

Você pode encontrar mais informações no site www.hooponoponosecret.com, em inglês. E deixo aqui um agradecimento especial ao povo havaiano, pela tradição do Ho'oponopono e pelo grande serviço mundial associado a esse método.

Mahalo nui loa, muito obrigado.

Me ke aloha pumehana, com saudações sinceras,

Ulrich Duprée

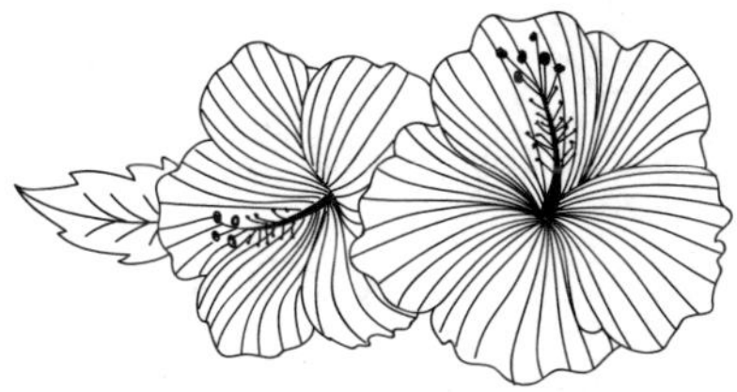

Originalmente publicado em alemão como:
Ho'oponopono - Das Hawaiianische Vergebungsritual

Editora executiva Izabel Aleixo
Revisão de tradução Rayssa Galvão e Natalie Lima
Revisão Carolina Vaz
Capa, projeto gráfico, ilustrações e imagens: Tita Nigrí
Diagramação Filigrana

Dados Internacionais de Catalogação na Publicação (CIP)
Angélica Ilacqua CRB-8/7057

Duprée, Ulrich Emil
Ho'oponopono: o ritual havaiano do perdão para atravessar momentos difíceis e construir relacionamentos mais amorosos e saudáveis / Ulrich Emil Duprée; Tradução de Lina Rosa. - São Paulo: LeYa, 2020.
112 p.

ISBN 978-65-5643-002-7
Título original: Ho'oponopono - The Hawaiian forgiveness ritual as the key to your life's fulfilment

1. Autoajuda 2. Meditação 3. Mantra I. Título II. Rosa, Lina

20-2359

Índices para catálogo sistemático:
1. Autoajuda: Meditação

[2020]

CASA DOS MUNDOS PRODUÇÃO EDITORIAL E GAMES LTDA.
Rua Avanhandava, 133 | Cj 21 - Bela Vista
01306-001 - São Paulo - SP
www.leya.com.br

1ª edição agosto de 2020
Papel de miolo Offset 75g/m²
Tipografias Raleway e Lora

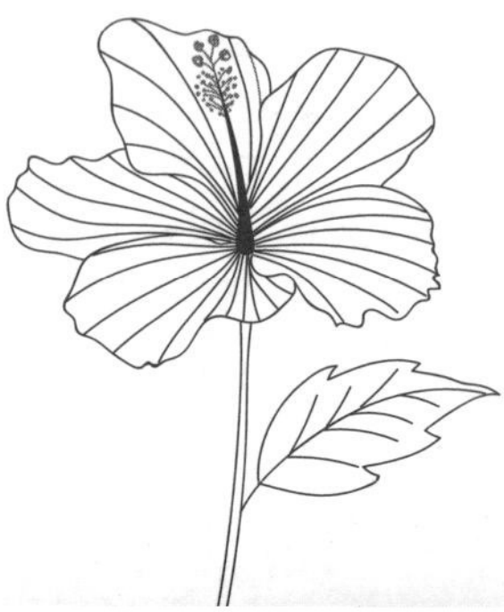